Lg 6.
350.

TRAITÉ DE PAIX ENTRE L'EMPEREUR ET L'EMPIRE

D'une part,

ET LA FRANCE

D'autre,

Conclu au Château Royal de Ryswick en Hollande, le 30. Octobre 1697.

Traduit du Latin.

A LA HAYE,
Chez ADRIAN MOETJENS,
Marchand Libraire, près la Cour,
à la Librairie Françoise.

M. DC. XCVII.

TRAITÉ DE PAIX

Entre l'EMPEREUR & l'Empire d'une part, & la FRANCE *d'autre, conclu au Château Royal de Ryswick en Hollande, le 30. Octobre 1697.*

AU nom de la très-sainte Trinité. Amen. A tous & un chacun soit notoire, qu'une cruelle guerre, accompagnée de l'effusion de beaucoup de sang Chrétien, & de la désolation de plusieurs Provinces, s'étant faite depuis quelques années entre le très-sérénissime & très-puissant Prince & Seigneur, le Seigneur Leopold élû Empereur des Romains, toûjours Auguste, Roi de Germanie, de Hongrie, de Bohême, de Dalmatie, de Croatie, & d'Esclavonie; Archiduc d'Autriche, Duc de Bourgogne, de Brabant, de Stirie, de Carinthie, de Carniole; Marquis de Moravie; Duc de Luxembourg, de la Haute & de la Basse Silésie, de Wirtemberg, & de Teck; Prince de Suabe; Comte de Habsbourg, de Tyrol, de Kybourg, &

de Goricie; Marquis du Saint Empire Romain, de Burgow, & de la Haute & Basse Lusace, Seigneur de la Marche Esclavone, de Port-Naon, & de Salins, &c. & le saint Empire Romain d'une part; & le Sérénissime & trés-puissant Prince & Seigneur, le Seigneur Loüis XIV. Roi trés-Chrétien de France & de Navarre, d'autre. Et sa Majesté Impériale & sa Majesté très-Chrétienne s'étant apliquez sérieusement à terminer au plutôt ces maux, qui s'augmentoient tous les jours à la ruine du Christianisme, par la bonté divine & par les soins du Sérénissime & très-puissant Prince & Seigneur Charles XI. Roi de Suéde, des Goths, & des Vandales, Grand Prince de Finlande, Duc de Scanie, d'Esthonie, de Livonie, de Carelie, de Brême, de Ferden, de Stettin, de Poméranie, de Cassubie, & de Vandalie, Prince de Ruguen, Seigneur d'Ingrie, & de Wismar; Comte Palatin du Rhin, Duc de Baviere, de Juliers, de Cléves, & de Bergues, d'Illustre mémoire, qui dés les commencemens de ces mouvemens, ne cessa de solliciter puissamment les Princes Chrétiens à la paix; & ensuite ayant été reçu pour Médiateur Universel, ne cessa de

tra-

travailler glorieusement jusques à sa mort à la procurer au plûtôt, ayant établi pour cét effet des conférences dans le Palais de Ryswick en Hollande: & aprés sa mort, le Sérénissime & puissant Prince & Seigneur, le Seigneur Charles XII. Roi de Suéde, des Goths, & des Vandales, Grand Prince de Finlande, Duc de Scanie, d'Esthonie, de Livonie, de Carelie, de Brême, de Ferden, de Stettin, de Pomeranie, de Cassubie, & de Vandalie, Prince de Ruguen, Seigneur d'Ingrie, & de Wismar, Comte Palatin du Rhin, Duc de Baviére, de Juliers, de Cléves, & de Berghes, ayant hérité du Roi son Pére le même empressement pour procurer la tranquilité publique, & les Traitez ayant été amenez à leur perfection, dans lesdites Conférences; les Ambassadeurs & Plénipotentiaires établis légitimement de part & d'autre s'étant trouvez pour cét effet audit lieu: savoir de la part de sa Majesté Impériale les trés illustres & trés excellens Seigneurs, le Sr. Dominique André de Kaunitz, Comte du S. E. Romain, Seigneur Héréditaire d'Austerliz, d'Hungarischbrod, de Mahrischpruss, & d'Orzechan le Grand, Chevalier de la Toison d'Or;

Conseiller d'Etat intime de sa sacrée Majesté Impériale, Chambellan, & Vice-Chancelier de Saint Empire; le Sieur Henri Jean de Stratman & de Peurbach Comte du S. Empire Romain, Seigneur d'Orth, de Schmiding, de Spatenbrun, & de Carlsberg, Conseiller Impérial Aulique, & Cambellan de sa sacrée Majesté Impériale: & le sieur Jean Frederic libre & noble Baron de Seilern, Conseiller Impérial Aulique de sa sacrée Majesté Impériale, & l'un des Commissaires Plénipotentiaires dans les Diétes Impériales: & de la part de sa sacrée Majesté trés-Chrétienne, les trés-illustres & trés-excellens Seigneurs, le sieur Nicolas Auguste de Harlay, Chevalier, Seigneur de Bonneüil, Comte de Cely, Conseiller ordinaire du Roi en son Conseil d'Etat ; le sieur Loüis Verjus, Chevalier Conseiller ordinaire du Roi en son Conseil d'Etat, Comte de Crecy, Marquis de Freon, Baron de Couvay, Seigneur de Boulay, les deux Eglises, de Fort-Isle, & autres lieux: & sieur François de Calliéres, Seigneur de Calliéres, de la Rochechellay, & de Gigny, par la médiation & l'entremise de trés-illustres & trés-excellens Seigneurs, le sieur Charles Bonde, Comte de de Biornoo, Seigneur d'Hesleby, de Tyres, de Toftaholm, de Graffsteen, de Gustavusberg, & de Rezitza, Conseiller de sa Majesté le Roi de Suéde & Président du Suprême Sénat de Dorpat en Livonie, & du sieur Nicolas libre Baron de Lilieroot, secretaire d'Etat de sa Majesté le Roi de Suéde, & Ambassadeur Extraordinaire prés de leurs H. Puissances les Etats Généraux de Provinces-Unies, tous deux Ambassadeurs Extraordinaires & Plénipotentiaires, pour l'éstablissement de la Paix Générale, qui se sont aquittez de la Charge de Médiateurs, avec intégrité, avec attachement, & avec prudence. Présens, aprouvans, & consentens les Plénipotentiaires des Electeurs, Princes, & Etats députez du Saint Empire Romain, aprés l'invocation du Saint nom de Dieu, & l'échange de leurs Pleinpouvoirs fait dans les formes, ils sont convenus pour la gloire du Saint nom de Dieu, & le bien de la République Chrétienne, des conditions de paix & de concorde dont la teneur s'ensuit.

I.

Il y aura une paix Chrétienne, Universelle, & Perpétuelle, & une vraye amitié entre sa sacrée Majesté Impériale &

ses successeurs, tout le saint Empire Romain, & les Royaumes & Etats héréditaires, leurs Vassaux & sujets d'une part, & sa Majesté très-Chrétienne, & ses successeurs, Vassaux, & sujets d'autre ; elle sera entretenuë sincérement & de bonne foi, en sorte que l'un n'entreprenne aucune chose sous quelque prétexte que ce soit à la ruine ou au préjudice de l'autre; & ne prête aucun secours sous quelque nom que ce soit, à ceux qui voudroient l'entreprendre, ou qui en quelque maniére, voudroient faire quelque domage ; qu'il ne recevra, protégera, ou aidera, en quelque sorte que cela se puisse ou doive faire les sujets rebelles ou desobéissans de l'autre Parti : mais au contraire les deux Partis procureront sérieusement l'utilité, l'honneur, & l'avantage réciproquement l'un de l'autre; nonobstant toutes promesses, traitez, ou alliances contraires faits ou à faire en quelque sorte que ce soit, lesquels tous sont abolis par le présent Traité.

II.

Il y aura de part & d'autre une Amnistie & un oubli perpétuel de toutes les hostilitez réciproquement commises, en quelque lieu ou maniére, que ce soit;

en

en sorte que sous cause ou prétexte d'icelles, ou pour quelque autre raison, l'un ne puisse point témoigner à l'autre aucun ressentiment, ni susciter aucune fâcherie directement ou indirectement, par voye de justicice ou de fait, en quelque lieu que ce puisse être, ni permettre, qu'il en soit témoigné, ou suscité ; mais toutes & chacunes injures & violences par parole, par écrit, ou de fait, sans aucun égard aux personnes ou choses, sont si entièrement & si pleinement abolies, que tout ce que l'un peut prétendre contre l'autre à ce sujet, sera mis & enseveli dans un perpetuel oubli. Jouïront de l'effet & bénéfice de la présente Amnistie tous & chacuns les Vassaux & sujets d'une & d'autre part ; en sorte qu'il ne puisse tourner au préjudice & desavantage d'aucun d'iceux d'avoir suivi tel ou tel parti ; mais qu'il soit entièrement rétabli, quant à ses honneurs & biens, en l'état auquel il étoit immédiatement avant la guerre ; reservé néanmoins ce qui a été spécialement réglé dans les articles suivans, à l'égard des Bénéfices Ecclésiastiques, des biens meubles, & des revenus.

III.

Les Traitez de Westphalie & de Nimègue

mègue sont considérez comme la base & le fondement du présent Traité ; & en conséquence, immédiatement après l'échange des ratifications, lesdits Traitez seront entièrement exécutez à l'égard du spirituel & du temporel ; & seront observez inviolablement à l'avenir, si ce n'est entant qu'il y sera expressément dérogé par le présent Traité.

IV.

Seront rendus en particulier à sa Majesté Impériale & à l'Empire, à ses Etats & Membres, tous les lieux & droits situez hors de l'Alsace, qui ont été occupez par sa Majesté très-Chrétienne, tant durant la présente guerre par voye de fait, que par voye d'Unions & Réunions, ou qui ont été exprimez dans la Liste des Réunions produite par les Ambassadeurs de France, cassant pour cet effet tous les Décrets, Arrêts, & Déclarations faits & publiez sur ce sujet par les Chambres de Mets & de Besançon, & par le Conseil de Brisac : & toutes choses seront mises dans l'état où elles étoient, avant lesdites prises, unions, ou réunions, sans qu'à l'avenir les Possesseurs desdits lieux soient plus troublez ou inquiétez; la Réligion Catholique Romaine néanmoins demeu-

rant

rant dans lesdits lieux ainsi rétablis dans l'état auquel elle est à présent.

V.

Et bien que par ces régles générales on puisse facilement juger, qui sont ceux qui doivent être rétablis, & comment & jusques où ils le doivent être; néanmoins sur l'instance de quelques uns, & pour des raisons particuliéres, il a été jugé à propos de faire une mention particuliére sur quelques sujets, en sorte néanmoins, que ceux qui ne seront pas expressément nommez, ne puissent être tenus pour obmis; mais jouissent absolument du même droit, que les nommez, & soient mis dans le même rang.

VI.

Nommément le Seigneur Electeur de Tréves & Evêque de Spire sera remis en possession de la ville de Tréves, en l'état qu'elle est à présent, sans en rien démolir ou détériorer, tant des édifices publics, que particuliers; avec l'Artillerie qui y étoit lors de la derniére mise en possession. Pareillement tout ce qui a été réglé dans l'Article IV. précédent, au sujet des lieux occupez, des Unions & Réunions, doit être censé repeté en particulier en faveur des Eglises de Tréves & de Spire.

VII.

l'Electeur de Brandebourg joüira pareillement de tous les avantages de la présente Paix, & y sera compris avec tous ses Etats, possessions, sujets, & droits, & spécialement ceux, qui lui apartiennent en vertu du Traité du 29. de Juin, de l'an 1679. de même que s'ils étoient ici spécifiez châcun en particulier.

VIII.

Tous les Etats occupez par le Roi très-Chrétien, seront rendus à l'Electeur Palatin, soit qu'ils lui appartiennent en particulier, soit qu'il les posséde en commun avec d'autres, quels qu'ils puissent être; & spécialement la Ville & la Préfecture de Germersheim, & les Préfectures & soûpréfectures y comprises, avec toutes les forteresses, citez, Villes, vilages, hameaux, fonds, fiefs, & droits, selon qu'ils ont été rendus par la Paix de Westphalie, avec tous les Documens & Actes enlevez des Archives, de la Chancélerie, de la Cour des Fiefs, de la Chambre des Comptes, des Préfectures, & autres Offices Palatines, aucun lieu, effet, droit, ou document excepté. Et quant aux droits & prétensions de Madame la Duchesse d'Orleans, il est convenu, que la

sus-

suſdite reſtitution étant préalablement faite, l'affaire ſera jugée en forme de Compromis par ſa Majeſté Impériale & par ſa Majeſté très-Chrétienne comme Arbitres, ce qui ſera décidé ſelon les loix & conſtitutions Impériales. Que s'ils ne conviennent pas dans leur ſentiment, l'affaire ſera déférée au Pape, pour en juger, comme ſurarbitre. On ne laiſſera pas néanmoins cependant de tâcher de procurer un accord amiable entre les Parties. Et juſques à ce que ladite affaire ſoit terminée, ledit Seigneur Electeur donnera toutes les années à ladite Ducheſſe d'Orleans la ſomme de deux cens mille livres tournois, ou de cent mille florins du Rhin, en ſorte & à cette condition, ainſi qu'il eſt porté par un article particulier, de même force & vigueur, que le préſent Traité, que le droit des deux Parties, comme auſſi celui de l'Empire, demeurera dans ſon entier, tant à l'égard du poſſeſſoire, que du pétitoire.

IX

Sera rendu au Roi de Suéde, en qualité de Comte Palatin du Rhin, de Comte de Sponheim & de Veldents, ſon ancien Duché des Deux-ponts libre & dans ſon entier, avec toutes ſes appartenances &

dé-

dépendances, & les droits, dont les Comtes Palatins & Ducs des deux Ponts Prédécesseurs de sa Majesté Suédoise, ont joüi, ou pû joüir, conformément à la Paix de Westphalie, en sorte que tout ce que la Couronne de France a prétendu jusques ici sur ce Duché en tout ou en partie, sous quelque titre que ce soit, & qu'elle a occupé, revienne de plein droit à Sa Majesté Suédoise & à ses Héritiers Comtes Palatins du Rhin. Seront rendus pareillement tous les Actes & Documens, concernant ledit Duché, avec l'artillerie, qui y étoit du tems que la France s'en empara, & toutes les autres choses dont il est convenu dans les Articles précedens au sujet des Restitutions.

X.

Quant à la Principauté de Veldents, & à ce que le Défunt Prince Leopold Loüis Comte Palatin du Rhin a possedé en vertu de ladite Principauté ou de celle de Lautrec, il sera rendu conformément à l'Article IV. & à la liste exhibée par les Ambassadeurs de France, sauf les droits de châcun des Prétendans tant à l'égard du possessoire, que du pétitoire.

XI.

Seront rendües au Prince François Loüis

Palatin Grand Maître de l'Ordre Teutonique & Evêque de Wormes, entiérement toutes le Commanderies prises par la France audit Ordre, & qui lui ont été assignées, ou qu'il a possedées anciennement, avec les lieux, revenus, & droits, & joüira ledit Ordre en vertu desdites Commanderies & biens situez sous la domination de France, tant à l'égard de la Collation, que de l'Administration, des mêmes usages, priviléges, & exemtions, dont il a joüi ci-devant, selon ses Statuts & loix, & dont l'Ordre de S. Jean de Jerusalem a accoutumé de joüir. Aura aussi lieu à l'égard de l'Evêché de Wormes & des autres Eglises dudit Prince, tout ce qui a été arrêté par le présent Traité, à l'égard des restitutions des lieux & des contributions ou autrement.

XII.

Seront rendus à l'Electeur de Cologne, en qualité d'Evêque & Prince de Liége, le Château & la Ville de Dinant, en l'état qu'ils étoient lorsque la France s'en empara, avec tous les droits & dépendances, & toute l'Artillerie & Documens, qui s'y trouvérent pour lors. Au reste, tout ce qui a été réglé dans l'Article IV. à l'égard de ce qui a été pris, des Unions

&

& Réunions, sera censé repeté en particulier, en faveur des Eglises de Cologne & de Liége.

XIII.

La Maison de Wirtemberg, & spécialement le Duc George, sera rétabli pour lui & ses Successeurs eu égard à la Principauté & Comté de Monbelliard, dans les mêmes état, droits, prérogatives, & spécialement dans la même dépendance immédiate de l'Empire Romain, dont il a joüi ci-devant, & dont joüissent ou doivent joüir les autres Princes de l'Empire, cassant pour cet effet toute reconnoissance en qualité de Vassal faite à la Couronne de France en 1681. Et joüiront désormais lesdits Princes librement de tous les revenus qui dépendent de ladite Principauté & Comté, tant séculiers, qu'Ecclésiastiques, dont ils joüissoient avant la Paix de Nimégue, de même que des Fiefs, qui ont été ouverts en leur faveur, ou qu'ils ont accordez à d'autres, du tems de la détention de la France. Excepté le vilage de Baldenheim avec ses appartenances, que le Roi trés-Chrêtien à donné au Commandeur de Chamlay Mestre de Camp Général de ses Armées, laquelle donation doit subsister, en sorte néanmoins

qu'il

qu'il en soit fait homage audit Duc de Wirtemberg & à ses Successeurs, comme au Seigneur direct, & qu'il soit obligé de lui en demander l'Investiture, seront pareillement rétablis lesdits Princes dans la pleine & libre possession tant de leurs fiefs possedez en Bourgogne, de Clereval & de Passavant, que des Seigneuries de Granges, d'Herricourt, de Blamont, de Châtelart, & de Clemont, & autres situées dans le Comté de Bourgogne & dans la Principauté de Monbelliard, avec tous leurs droits & revenus, entiérement de la même maniére, qu'ils les ont possedez avant la Paix de Nimégue, abolissant pleinement tout ce qui a été fait & prétendu au contraire, sous quelque titre, en quelque tems, & de quelque maniére, que ce puisse être.

XIV.

Joüira pareillément la Famille des Marquis de Bade de tout le droit & bénéfice de la présente Paix, & par consequent aussi de celle de Westphalie & de Nimégue, & particuliérement des Articles 4. & 51. de ce présent Traité.

XV.

Les Princes & Comtes de Nassau, de Hanaw, & de Leiningue, & tous les autres

tres Etats du ſaint Empire Romain, qui doivent être rétablis par l'Article IV. de ce Traité & autres, ſeront pareillement rétablis dans tous & chacuns leurs Etats, dans les rentes & revenus, qui en dépendent, & dans tous les autres droits & bénéfices, de quelque nature, qu'ils ſoient.

XVI.

Et parce que pour mieux affermir la préſente Paix, il a été jugé à propos de faire échange çà & là de quelques Pays; ſa Majeſté Impériale & l'Empire cédent à ſa Majeſté très-Chrétienne & aux Rois ſes Succeſſeurs la Ville de Strasbourg & tout ce qui en dépend à la gauche du Rhin, avec tout droit, propriété, & ſouveraineté, qui ont apartenu ou pouvoient apartenir, à ſadite Majeſté Impériale & à l'Empire Romain juſques à préſent, & les transportent tous & un châcun à ſa Majeſté très-Chrétienne & à ſes Succeſſeurs, en ſorte que ladite Ville avec toutes ſes apartenances & dépendances ſituées à la gauche du Rhin, ſans en rien excepter, avec toute juriſdiction, ſupériorité, & ſouveraineté dès à préſent & à perpetuité apartiendront au Roi très-Chrétien & à ſes Succeſſeurs, & ſont unis & incorporez à la Couronne de France, ſans aucune contradiction

diction de la part de l'Empereur, de l'Empire, ou de qui que ce soit ; & pour plus grande confirmation de ladite cession & aliénation, l'Empereur & l'Empire dérogent expressément en vertu de la présente transaction, aux Décrets, Constitutions, statuts, & coutumes de l'Empire Romain, même confirmées par serment, ou qui pourroient être confirmées à l'avenir, & particuliérement à la Capitulation Impériale, en tant qu'elle défend toute sorte d'aliénation des biens & droits de l'Empire, auxquelles toutes ils renoncent expressément, libérant ladite Ville, & tous ses Magistrats, Officiers, Citoyens, & sujets de tous les liens & sermens, par lesquels ils avoient été obligez aux Empereurs & à l'Empire; & la laissant en liberté de prêter serment de sujettion, d'obéissance & de fidélité au Roi très-Chrétien & à ses Successeurs; & en mettant le Roi très-Chrétien en la pleine & juste propriété, possession, & souveraineté, renonçant dès à présent & à perpétuité à tous droits & prétensions sur icelle; & voulant pour cét effet, que ladite Ville de Strasbourg soit effacée de la Matricule de l'Empire.

XVII.

Il sera néanmoins libre à tous & un châchacun les Habitans de ladite Ville & de ses dépendances, de quelque condition qu'ils soient, qui en voudront sortir, de s'aller établir ailleurs où ils voudront, & où ils pourront transporter leurs biens meubles sans aucun empêchement, diminution ou exaction, durant une année après la ratification de la Paix, & durant l'espace de cinq ans, en exécutant les conditions, qu'on a accoutumé d'exécuter d'ancienneté dans ledit Pays en de semblables cas; & pourront vendre leurs biens immeubles, ou les retenir, & les régir eux mêmes ou les faire régir par d'autres; le même pouvoir de retenir & de régir leurs biens immeubles soi-même ou de les faire régir par d'autres appartiendra à tous autres Membres ou sujets de l'Empire médiats ou immédiats, qui auront des biens, revenus, debtes, actions, ou droits dans ladite Ville, & dans ses dépendances, soit qu'ils en ayent toûjours joüi, soit qu'ils ayent été confisquez durant ou avant la guerre & donnez à d'autres, lesquels doivent être rendus par la présente Convention, de quelque nature qu'ils soient, & en quelque endroit qu'ils soient situez, sauf aussi la Jurisdiction Ecclésiastique à ceux auxquels elle a appartenu d'ancienneté, sans qu'il qu'il soit jamais permis de s'y opposer ou d'en empêcher l'exercice.

XVIII.

Pareillement aussi sa Majesté très-Chrétienne de son côté rendra, trente jours après la Ratification du present Traité, à Sa Majesté Impériale & à l'Empire, avec tous ses droits & dépendances, le Fort de Keyl construit par sa Majesté très-Chrétienne à la droite du Rhin, en son entier & sans en rien démolir. Et quant au Fort de la Pille & autres construits dans les Isles du Rhin, ils seront entiérement rasez dans un mois, ou plûtôt, si faire se peut, aux dépens du Roi très-Chrétien, sans qu'ils puissent être rétablis ci-après par l'un ou par l'autre parti. Et quant à la Navigation & autre usage du Fleuve, il sera libre & ouvert aux sujets des deux Partis, & à tous autres qui voudront passer par là, naviger ou transporter leurs marchandises; sans que l'un ou l'autre puisse rien entreprendre là où ailleurs, pour détourner ledit fleuve, & en rendre, en quelque sorte le cours, la navigation ou autre usage plus difficile; moins encore sera-t-il permis d'ériger de nouveaux droits, impôts, ou péages, ou d'augmenter les anciens; d'obliger les bateaux d'aborder

à

à une rive plûtôt qu'à l'autre, d'y exposer leurs charges, ou marchandises, ou d'y en recevoir; mais tout cela sera toûjours laissé à la liberté d'un châcun.

XIX.

Sa Majesté très-Chrétienne céde pareillement à sa Majesté Impériale & à la Sérénissime Maison d'Autriche la Ville & Forteresse de Fribourg, de même que le Fort de S. Pierre, & le Fort appellé de *l'Etoile*, & tous les autres Forts nouvellement construits ou reparez là ou ailleurs dans la Forêt Noire ou dans le reste du Brisgaw, le tout en l'état auquel il est présentement, sans rien démolir ou détériorer, avec les vilages de Lehen, Metzhauzen, & Kirchzarth, & avec tous leurs droits, comme ils ont été cedez à sa Majesté très-Chrétienne par la Paix de Nimégue, où possédez & exercez par elle, avec les archives & toutes Ecritures ou Documens écrits, qui y furent trouvez, lorsque sadite Majesté s'en mit en possession, soit qu'ils soient encore sur les lieux, soit qu'ils ayent été transportez ailleurs, sauf & réservé le droit diocésain, & autres droits & revenus de l'Evêché de Constance.

XX. Sem-

X X.

Semblablement S. M. très-Chrétienne cède & transporte à sa Majesté Impériale la Ville de Brisac entiérement, dans l'état où elle est à présent, avec les greniers, arsenaux, fortifications, rempars, murailles, tours, & autres édifices publics & particuliers, & toutes les dépendances situées à la droite du Rhin; laissant au Roi trés-Chrétien celles qui sont à la ganche, & entr'autres le Fort appellé le Mortier. Mais la ville appellée neuve située à la gauche dudit fleuve, avec le pont, & le Fort bâti dans l'Isle du Rhin, seront entiérement démolis & rasez, pour n'être plus rebâtis désormais par l'une ou par l'autre Partie. Du reste, la même liberté de se retirer de Brisac ailleurs, dont on est convenu à l'égard de la Ville de Strasbourg, doit être censée repetée ici de mot à mot.

X X I.

Lesdits lieux, Villes, châteaux, & forteresses avec toutes leurs jurisdictions, apartenances, & dépendances cedez à sa Majesté Impériale par sa Majesté très-Chrétienne, seront rendus & délivrez sans aucune reserve ou exception, & sans en rien retenir, de bonne foi, & sans aucun

re-

retardement, empêchement ou prétexte, à ceux, qui après la ratification du présent Traité, seront établis & députez spécialement pour cela par sa Majesté Impériale, & en auront fait aparoir aux Intendans, Gouverneurs, ou Officiers François des lieux qui doivent être rendus; en sorte que lesdites Villes, citadelles, Forts, & lieux, avec tous leurs priviléges, utilitez, revenus, & émolumens, & autres choses quelconques y comprises retournent sous la jurisdiction, possession actuelle, & absoluë puissance & Souveraineté de sa Majesté Impériale & de la Maison d'Autriche, & y demeurent à perpetuité, ainsi qu'ils lui ont apartenu autrefois, & ont été possedez jusques ici par sa Majesté très-Chrétienne; sans que la Couronne de France retienne ou se reserve aucun droit ou prétension sur les lieux susdits, & leur jurisdiction. On n'exigera rien non plus pour les frais & dépens employez aux fortifications, ou autres édifices publics ou particuliers: la pleine & entiére restitution ne pourra être différée, pour quelque cause que ce soit, qu'elle ne se fasse trente jours après la ratification du présent Traité, ensorte que les Garnisons Françoises en sortent entiérement, sans

cau-

causer aucune fâcherie, perte, ou peine aux Citoyens & Habitans, ou autres quelconques sujets de la Maison d'Autriche, sous prétexte de dettes ou de prétensions quelconques. Il ne sera pas non plus permis aux Troupes Françoises, de demeurer plus long tems dans les lieux qui doivent être rendus ou autres quelconques, qui n'apartiennent pas à sa Majesté très-Chrétienne, d'y établir des quartiers d'hiver, ou quelque séjour; mais seront obligées de se retirer incessamment sur les terres apartenant à la Couronne de France.

XXII.

Sera semblablement rendus à sa Majesté Impériale & au S. Empire Romain Philisbourg en son entier, avec les fortifications qui y sont jointes, & qui sont à la droite du Rhin, & toute l'artillerie qui y étoit lors que la France s'en empara la derniére fois, reservé en tout le droit de l'Evêché de Spire; au sujet duquel l'Article quatrième du Traité de Paix de Nimégue, est censé être repeté ici expressément. Mais le Fort, qui a été construit à la gauche du Rhin, & le pont qui fut fait par les ordres du Roi très-Chrétien après la prise, seront démolis.

B   XXIII. Le

XXIII.

Le Roi très-Chrétien aura soin de faire raser à ses dépens les Fortifications construites vis à vis de Huningue sur la droite & dans l'Isle du Rhin, en rendant le fonds & les Edifices à la Famille de Bade. Le Pont construit en cêt endroit sur le Rhin sera aussi démoli.

XXIV.

On détruira pareillement le Fort, qui a été bâti à la droite du Rhin, vis à vis de la Forteresse nommée le Fort-Loüis, ledit Fort & l'Isle demeurant au pouvoir du Roi très-Chrétien; & quant au terrain du Fort démoli, il sera rendu avec les Maisons au Marquis de Bade. On détruira aussi cette partie du Pont, qui va dudit Fort à l'Isle, sans qu'elle puisse désormais être rétablie par aucun des Partis.

XXV.

Le Roi très-Chrétien fera aussi démolir les Fortifications ajoûtées aprés la Paix de Nimégue au Château de Trarbach, & la Forteresse de Montroyal sur la Moselle, sans qu'aucun puisse les rétablir ci-aprés; laissant néanmoins en son premier état la Forteresse de Trarbach, pour être entiérement rendüe avec la Ville &

ſes appartenances à ſes premiers Poſſeſ-
ſeurs.

XXVI.

On démolira pareillement les Fortifications ajoutées par le Roi très-Chrétien
à la Forteresse de Kirnburg; après laquel-
quelle démolition, ladite Forteresse avec
la Ville de Kirn laiſſée en ſon entier, de
même que les autres biens apartenans au
Prince de Salm & à ſes Couſins les Rhein-
graves & les Vildgraves, & autres choſes
leur ſeront rendues, pour être poſſedées
de la même manière & avec le même droit,
qu'ils les poſſedoient avant que d'en être
dépouillez, & dont on eſt convenu par le
préſent Traité.

XXVII.

Seront démolies de même les nouvelles
Fortifications ajoûtées par le Roi très Chrétien à la Forteresse d'Ebernbourg, laquelle
ſera enſuite rendüe aux Barons de Sickin-
guen, avec les autres biens leur apartenans,
qui leur doivent être rendus par les deux
Partis.

XXVIII.

Monſieur le Duc de Lorraine ayant été
uni dans cette guerre avec ſa Majeſté Impériale, & ayant voulu être compris dans
le préſent Traité, il ſera rétabli pour ſoi

& ſes Héritiers & Succeſſeurs dans la libre & pleine poſſeſſion des Etats, Lieux, & biens, que le Duc Charles ſon Oncle Paternel poſſedoit en mille ſix cens ſoixante & dix, lorſque le Roi très-Chrétien s'en empara, excepté néanmoins les changemens expliquez dans les Articles ſuivans.

XXIX.

Sa Majeſté très-Chrétienne rendra particuliérement audit ſieur Duc l'ancienne & la nouvelle Ville de Nancy, avec toutes ſes apartenances, & l'artillerie, qui fut trouvée dans l'ancienne Ville lors de ſa priſe, à cette condition néanmoins, que tous les remparts & baſtions de l'ancienne Ville demeurant en leur entier, avec les portes de la nouvelle, les remparts & baſtions de celle-ci, de même que toutes les fortifications extérieures de l'une & de l'autre, ſeront entiérement raſées aux dépens de ſa Majeſté très-Chrétienne, pour n'être plus rétablies à l'avenir; ſi ce n'eſt que ledit ſieur Duc & ſes ſucceſſeurs pourront fermer lorſqu'ils voudront la nouvelle Ville d'une ſimple muraille, ſéche & ſans flanc.

XXX.

Sa Majeſté très-Chrétienne fera auſſi évacuër

évacuër le Château de Bitsch, avec toutes ses apartenances, comme aussi le Château de Hombourg, en faisant raser auparavant les Fortifications, pour n'être plus rétablies, en sorte néanmoins que lesdits Châteaux & les Villes qui y sont jointes, n'en recevront aucun dommage; mais demeureront totalement en leur entier.

XXXI.

Servira, au reste, audit sieur Duc, tout ce qui a été ordonné ci-dessus dans l'Article IV. au sujet des Unions & Réunions, comme s'il étoit repeté ici mot pour mot, en quelque lieu ou de quelque maniére, que lesdites Unions & Réunions ayent été faites & ordonnées.

XXXII.

Sa Majesté très-Chrétienne se reserve la Forteresse de Sar-Loüis avec une demi-lieüe à la ronde, qui sera marquée & terminée par les Commissaires de sadite Majesté & ceux de Lorraine, pour les posseder à perpétuité en toute souveraineté.

XXXIII

La Ville & la Préfecture de Longwi, ensemble ses appartenances & dépendences avec toute supériorité, souveraineté, &

propriété demeurera aussi à toûjours en la puissance dudit Roi très-Chrétien & de ses Héritiers & Successeurs, sans que ledit Duc, ses Héritiers & successeurs, y puissent désormais prétendre aucun droit, mais en échange de ladite Ville & Préfecture, sadite Majesté très-Chrétienne cédera une autre Préfecture audit sieur Duc dans l'un des trois Evêchez, de la même étenduë & valeur, de laquelle conviendront de bonne foi lesdits Commissaires. Et ladit Préfecture ainsi cedée, & transportée par le Roi très-Chrétien audit Duc, tant ledit Duc que ses Héritiers & successeurs en joüiront à perpétuité, avec tous droits de supériorité, de souveraineté, & de propriété.

XXXIV.

Le passage sera toûjours ouvert par les Etats dudit Duc, sans aucun obstacle ou empêchement, aux Troupes de sa Majesté très-Chrétienne, qui iront ou reviendront des frontiéres; à condition néanmoins qu'on en donnera toûjours avis auparavant & à tems, que le Soldat qui passera ne s'écartera point, mais suivra le chemin ordinaire & le plus court, & continuera duëment son chemin sans retardement; ne fera aucune violence & n'aportera aucun

cun domage aux lieux & aux sujets du Duc, & payera argent comptant les vivres & les autres choses nécessaires, qui lui seront délivrées par les Commissaires de Lorraine, abolissant réciproquement, & faisant retourner en la puissance du Duc, sans aucune exception, les chemins & lieux, que sa Majesté très-Chrétienne s'étoit réservez par la Paix de Nimégue.

XXXV.

Les Bénéfices Ecclésiastiques conférez jusques au jour du présent Traité par sa Majesté très-Chrétienne, demeureront en la joüissance de ceux, que les possèdent à présent, & qui les ont obtenus de sa Majesté très-Chrétienne, sans qu'ils en puissent être inquiétez.

XXXVI.

Il a été, de plus résolu, que tous les Procès, sentences, & décrets rendus par le Conseil, les Juges, & autres Officiers de sa Majesté très-Chrétienne, sur les différens & actions, qui ont été terminées, tant entre les sujets des Duchez de Lorraine & de Bar, qu'autres, du tems que le Roi très-Chrétien a possédé ces Etats, auront lieu & sortiront leur plein & entier effet, tout de même que si sadite Majesté très-Chrétienne eut demeuré en possession desdits Etats; sans qu'il soit permis de revoquer en doute la validité desdites sentences & décrets, de les casser, ou d'en retarder ou empêcher l'exécution. Il sera néanmoins permis aux Parties de redemander la revision de ce qui aura été fait, selon l'ordre & la disposition des loix & des constitutions, les sentences demeurant néanmoins cependant en leur force & vigueur.

XXXVII.

Seront rendues audit S. Duc, après la ratification du présent Traité, les Archives & Documens literaires, qui étoient dans le Trésor des Archives de Nancy & de Bar, & dans l'une & l'autre Chambre des Comptes, ou autres lieux, & qui en ont été enlevez.

XXXVIII.

Pourra ledit Duc, immédiatement après la ratification de la Paix, envoyer des Commissaires aux Duchez de Lorraine & de Bar, pour veiller sur les affaires, administrer la justice, avoir soin des impôts, salines, & autres droits, disposer des Traités publiques, & faire toutes les autres choses nécessaires, afin que dans le même tems ledit sieur Duc puisse entrer pleinement en possession du Gouvernement.

A l'é-

XXXIX.

A l'égard des impots ou péages, & de l'exemtion dans le transport du sel ou du bois soit par terre ou par eau, on observera l'état ou la coûtume de l'année 1670. sans permettre aucune innovation.

XL.

l'Ancien usage & liberté de Commerce entre la Lorraine & les Evêchez de Mets, Toul, & Verdun, subsistera, & sera désormais exactement observé à l'avantage des deux Partis.

XLI.

Seront de même observez dans leur ancienne force & vigueur, sans y rien changer, les Concordats passez entre les Rois très-Chrétiens & les Ducs de Lorraine.

XLII.

Pourront ledit Duc & ses Fréres, après la restitution, poursuivre par la voye ordinaire, le droit, qu'ils prétendent leur apartenir en diverses causes, nonobstant les sentences rendües en leur absence, & sans avoir été oüis.

XLIII.

Dans les choses, dont on n'est pas convenu ici expressément du contraire, ou autrement, on observera aussi à l'égard du S. Duc & de ses Etats & sujets, ce qui été accordé par le présent Traité; & spécialement dans l'Article, qui commence, * Tous les Vassaux & sujets d'une part, & d'autre, dans celui qui commence, † Dès que le présent Traité de Paix aura été, & celui qui commence, ‡ Et afin que les sujets de part & d'autre puissent au plûtôt joüir, de même que s'ils avoient été ici spécialement exprimez.

XLIV.

Monsieur le Cardinal de Furstemberg sera rétabli dans tous les droits, biens feodaux & allodiaux, bénéfices, honneurs, & prérogatives, qui appartiennent aux Princes & Menbres du S. Empire Romain, tant à l'égard de l'Evêché de Strasbourg à la droite du Rhin, que de son Abbaye de Stavelo, & autres, & joüira avec ses Cousins & Parens qui ont suivi son parti, & ses Domestiques, d'une pleine amnistie & assurance de tout ce qui été fait & dit, & de tout ce qui a été décerné contre lui ou contr'eux; sans que lui, & ses héritiers, ses Cousins, Parens, & Domestiques, puissent être jamais tirez en cause par les seigneurs Electeurs de Cologne & de Baviere, par leurs héritiers

* C'est le XLVI. † C'est le L. ‡ C'est le LI.

ritiers ou autres quelconques à cause de l'héritage du défunt Electeur Maximilien Henri ; & réciproquement, le S. Cardinal, & ses Cousins ou Parens & Domestiques, ou d'iceux ayant cause, ne pourront rien demander en quelque manière que ce soit, desdits Seigneurs Electeurs ou autres, dudit héritage, des legs qui leur ont été laissez, ou des choses à eux donnnées, demeurant entiérement éteint tout droit, prétension ou action, personnelle ou réelle. Joüiront de la même Amnistie & sureté, & se serviront entiérement du même droit, ceux des Chanoines de Cologne, qui ont suivi le parti dudit Cardinal, & qui ont été privez de leurs Canonicats & Bénéfices, & seront rétablis dans tous les droits des Chanoines, des Bénéfices, & dignitez, & dans le même rang du Chapitre de l'Eglise Cathédrale & des Eglises Collégiales, où ils étoient avant leur déposition. En sorte néanmoins, que les revenus demeurant au pouvoir de ceux qui les possédent présentement, ceux-ci joüissent, de même que ceux qui seront rétablis, des titres & fonctions communes desdites dignitez & bénéfices, le premier rang néanmoins étant déferé à ceux qui seront rétablis ; & après la mort, ou la résignation volontaire de ceux qui sont en possession, les seuls qui sont rétablis joüiront entiérement desdites dignitez & revenus, & cependant châcun d'eux, selon l'ordre, qu'ils ont entr'eux, obtiendra les nouvelles prébendes, qui viendront à vaquer. Et l'on ne doute point que cela ne soit aprouvé par les Ecclesiastiques susdits, que ce reglement concerne. Les héritiers pareillement des Chanoines qui ayant été privez de leur dignité sont morts durant la guerre, & dont les biens, revenus, & droits ont été mis en sequestre ou confisquez, joüiront pleinement pour les recouvrer du bénéfice de l'article, qui commence ; * *Tous les Vassaux & sujets d'une part & d'autre*, avec cette clause expresse & particuliére, que les legs pieux faits par les défunts, seront payez sans retardement, selon leur disposition, des revenus par eux assignez.

XLV.

Seront aussi spécialement compris dans l'Amnistie les Landgraves de Hesse Reinfels, & seront rétablis, à l'égard de la Forteresse de Reinfels, & tout le Comté

* *C'est le XLVI.*

Comté Inférieur de Catzenelobogue, avec tous droits & dépendences, dans le même état, auquel étoit le Landgrave Ernest leur Pére, avant le commencement de cette guerre, sauf néanmoins en toutes choses les droits apartenans à Monsieur le Landgrave de Hesse-Cassel.

XLVI.

Tous les Vassaux & Sujets d'une & d'autre part, Ecclésiastiques & Séculiers, les Corps, les Universitez, & les Colèges, seront rétablis dans les honneurs, dignitez & bénéfices, dont ils jouissoient avant la guerre, de même que dans tous les droits, biens, meubles & immeubles, rentes & revenus, même ceux qui se peuvent racheter, ou qui sont à vie, pourvû que le Capital n'en soit pas éteint, qui ont été occupez ou retenus durant & à l'occasion de cette guerre, avec tous les droits, actions, & successions, qui leur sont échuës durant ladite guerre; en sorte néanmoins qu'ils ne pourront rien redemander à l'occasion des fruits ou revenus perçus, ou des pensions cedées, après la prise ou détention, jusques au jour de la ratification du présent Traité. Semblablement ne pourront plus être redemandées les dettes, marchandises, & meubles, con-

B 7   sisfisquées durant, & à l'occasion de la guerre, ou converties en d'autres usages par autorité publiques, ni par conséquent les Créanciers desdites dettes, ou les proprietaires desdites marchandises, ou meubles, ou leurs héritiers, ou d'eux ayant cause, ne pourront jamais les poursuivre, ni en prétendre restitution ou satisfaction. Lesdites restitutions s'étendront aussi à ceux qui ont suivi un Parti contraire, qui pour cet effet ont été suspects, & à qui ont été ôtez après la Paix de Nimégue, leurs biens, revenus, ou droits, pour avoir habité ailleurs, ou n'avoir pas prêté homage, ou pour autres causes ou prétextes semblables ; lesquels par conséquent, en vertu de cette paix, rentreront en la faveur de leur Prince, & dans leurs anciens droits, & biens quelconques, tels qu'ils sont dans le tems de la conclusion & signature de ce Traité. Et tout ce qui est dit dans cet article, sera exécuté immédiatement après la ratification de la Paix, nonobstant toutes donations, concessions, aliénations, déclarations, confiscations, fautes, dépenses, méliorations, sentences interlocutoires & définitives, renduës par contumace, les Parties absentes non oüies, lesquelles sentences & jugemens seront nuls, & consi-

sidérez, comme s'ils n'avoient point été faits
& prononcez; eux tous demeurant entiérement libres de retourner dans leur
Patrie, de rentrer dans leursdites biens,
& d'en joüir, de même que de leurs rentes,
& revenus, ou d'aller séjourner & établir leur domicile ailleurs où ils jugeront
à propos, & tels qu'ils voudront choisir,
sans aucune violence ni contrainte. Et en
tel cas, il leur sera permis de faire administrer leurs biens & revenus par procureurs
non suspects, & d'en joüir; excepté néanmoins les Bénéfices Ecclésiastiques, qui
requiérent la résidence; lesquels seront ad-
ministrez & régis personnellement. Enfin
il sera libre à tous les sujets d'une & d'autre part de vendre, échanger, aliéner, &
transporter, ou de disposer autrement entre vifs ou par testament de leurs biens
meubles & immeubles, rentes & revenus,
qu'ils possédent dans les Etats d'un autre
souverain; en sorte que quelconque sujet
ou étranger puisse les acheter ou aquerir,
sans avoir besoin d'autre permission du
souverain, que celle qui est contenuë dans
le présent Article.

XLVII.

Si quelques Bénéfices Ecclésiastiques
médiats ou immédiats ont été durant cette
guerre

guerre conférez par l'un des Partis dans les terres ou lieux qui lui étoient alors sujets, à des personnes capables, selon la régle de leur premiére institution, & les statuts légitimes généraux ou particuliers faits sur ce sujet, ou par quelque autre disposition canonique faite par le Pape; lesdits Bénéfices Ecclésiastiques seront laissez aux présens possesseurs, de même que les Bénéfices Ecclésiastiques, conférez de cette maniére avant cette guerre, dans les lieux, qui doivent être rendus par la présente Paix : en sorte qu'aucun ne les puisse ou doive désormais troubler ou empêcher, dans la possession & légitime administration d'iceux, ni dans la perception des fruits, ni être à leur occasion, ou par quelque autre raison passée au présente, apellez ou citez en justice, ou en quelque autre sorte inquiétez ou molestez à ce sujet; à condition néanmoins qu'ils s'aquittent de ce à quoi ils sont tenus, en vertu desdits Bénéfices.

XLVIII.

Comme il importe à la tranquilité publique, que la paix concluë à Turin le 29. Août 1696. entre sa Majesté très-Chrétienne & son Altesse le Duc de Savoye soit exactement observée, il a aussi été

trou-

trouvé bon de la confirmer & comprendre dans le présent Traité, pour être de même valeur & subsister à toujours. Sont confirmez en particulier, & censez être ici repetez, mot pour mot, les points qui ont été reglez en faveur de la Maison de Savoye dans les Traitez de Westphalie & de Nimégue rétablis ci-dessus : en sorte néanmoins, que la restitution de Pignerol & de ses dépendances, qui a été faite, ne puisse en aucun façon diminuer ou alterer, l'obligation à laquelle s'est engagée sa Majesté très-Chrétienne de payer au Duc de Mantoüe la somme de quatre cens quatre vints quatorze mille écus, à la décharge du Duc de Savoye ; comme il est plus amplement expliqué dans le Traité de Paix de Westphalie. Et afin que ceci soit plus pleinement & plus fortement confirmé, tous & châcuns les Princes, qui ont part à la paix générale, promettent au Duc de Savoye, & recevront réciproquement de lui, les promesses & garanties, qu'ils stipulent entre eux, pour une plus ferme assûrance.

XLIX.

On n'entend pas, au reste, que par la restitution quelconque des lieux, personnes, biens, ou droits faite ou à faire par la la France, il soit aquis aucun nouveau droit à ceux qui sont ou seront ainsi rétablis. Mais si d'autres ont quelques prétensions contr'eux, elles seront proposées, examinées, & décidées en lieu convenable, après ladite restitution faite, laquelle pour cette cause ne doit être en aucune façon différée.

L.

Dès que le présent Traité de Paix aura été signé & seellé, par les S. Ambassadeurs Extraordinaires & Plénipotentiaires; cesseront toutes hostilitez & violences de quelque nature qu'elles soient, toutes démolitions d'édifices, tous dégats de vignes & de forêts, & toute coupe d'arbres: & immédiatement après l'échange des Ratifications seront retirées de part & d'autre toutes les Troupes des lieux non fortifiez, apartenans à l'autre Parti. Et quant aux lieux fortifiez, qui doivent être rendus par le présent traité, ils seront remis dans trente jours après la ratification de la paix, ou plutôt, si faire se peut, à ceux qui sont nommez dans les articles précédens, ou, s'ils ne sont pas exprimez nommément, à ceux qui les possedoient immédiatement avant leur prise, sans aucune démolition de fortifications, ou d'édifices, publics ou ou particuliers, & sans aucune détérioration de l'état auquel ils sont présentement, sans rien exiger pour aucune dépense faite dans lesdits lieux ou à leur occasion, & sans que les Soldats puissent rien exiger à cette occasion, ou pour quelque autre cause que ce soit, ou rien emporter des effets apartenans aux habitans, ou de ce qui y doit être laissé conformément à ce Traité. Et quant à la démolition quelconque des choses qui doivent être démolis, & dont il est convenu ci-dessus, elle sera entiérement faite, à l'égard des moins considérables dans un mois, & à l'égard des plus considérables dans eux mois, si faire se peut, & sans qu'il en coûte rien à l'autre partie, & sans lui causer aucune fâcherie: seront aussi rendues de bonne foi immédiatement aprés l'échange des ratifications, toutes les Archives & documens literaries, tant ceux qui apartiennent aux lieux qui doivent être rendus & cedez à sa Majesté Impériale, à l'Empire, & à ses Etats & Membres, que ceux qui ont été transportez de la Chambre & ville de Spire & des autres lieux de l'Empire; quoi qu'il n'en ait pas été fait mention particuliére dans le présent Traité. Les prisonniers faits à l'occasion de la guerre

se-

feront auſſi remis de part & d'autre en pleine liberté, ſans aucune rançon, & en particulier ceux qui ont été condamnez aux Galéres, ou à d'autres ouvrages publics.

L I.

Et afin que les ſujets de part & d'autre puiſſent au plûtôt joüir de l'entier bénéfice de cette Paix, il a été convenu, que toutes contributions d'argent, de grains, de vin, de fourage, de bois, de bétail, ou autres, quoi que déja impoſées aux ſujets de l'autre parti, & qu'elles ayent été établies par convention, de même que tous fouragemens de quelque nature qu'ils ſoient ſur la juriſdiction l'un de l'autre ceſſeront entiérement du jour de la ratification, & ce qui ſera dû de reſte de ſemblables contributions, impoſitions, ou exactions, ſera & demeurera entiérement aboli; pareillement les ôtages livrez ou emmenez durant cette guerre, pour quelque cauſe que ce ſoit, ſeront rendus, & renvoyez libres dans leur Patrie, ſans aucun retardement & ſans être obligez à rien payer.

L I I.

Sera pareillement rétabli dès la ſignature de cette paix, le commerce défendu durant la guerre entre les ſujets de Sa Majeſté Impériale & de l'Empire, & ceux de Sa Majeſté très-Chrétienne & du Royaume de France, avec la même liberté qu'avant la guerre,

&

& jouïront tous & un châcun, & spécialement les Citoyens, & Habitans des Villes Hanséatiques, de toute sorte de sureté par mer & par terre, de leurs anciens droits, immunitez, priviléges, & avantages obtenus par des traitez solennels, ou par l'ancienne coutume; renvoyant à faire un Traité plus particulier sur ce sujet après la Paix.

LIII.

Tout ce dont il est convenu par ce Traité sera ferme & inviolable à perpetuité, & sera observé & exécuté, nonobstant tout ce qui pourroit être cru, allegué, ou imaginé au contraire, lequel demeure entiérement cassé & aboli, encore qu'il fut tel, qu'on en eût dû faire une mention plus particuliére & plus ample, ou que la cassation & abrogation semble devoir être considérée comme nulle & invalide.

LIV.

Pourront châcune des Parties contractantes confirmer cette présente Paix & son observation par des alliances, des fortifications sur leur propre terrain, hormis dans les lieux spécialement exceptez ci-dessus, lesquelles ils pourront bâtir ou agrandir, y mettre des Garnisons, & employer les autres moyens, qu'ils jugeront nécessaires pour leur défense. Il sera pareillement permis

tant

tant à tous les Rois, Princes, & Républiques en général; qu'au Roi de Suède en Particulier comme Médiateur, d'en donner leur guarantie à Sa Majesté Impériale & à l'Empire, & à Sa Majesté très-Chrétienne, de même qu'en vertu de la Paix de Westphalie.

L V.

Et comme Sa Majesté Impériale & l'Empire, & Sa Majesté très-Chrétienne reconnoissent avec des sentimens de gratitude les soins continuels & bons offices, que Sa Majesté Suédoise a employez pour rétablir la tranquilité publique, les deux Partis sont convenus, que Sa Majesté Suédoise, avec ses Royaumes & Etats seront nommément compris dans le present Traité, en la meilleure forme & maniére que faire se peut.

L V I.

Sont aussi compris dans le présent Traité de la part de Sa Majesté Impériale & de l'Empire, outre les Membres de l'Empire déja nommez, les autres Electeurs, Princes, Etats, & Membres de l'Empire, & entr'eux spécialement l'Evêque & l'Evêché de Bâle, avec tous ses Etats, Priviléges, & droits: item les treize Cantons Suisses avec leurs Alliez, nommément avec la République & Cité de Genéve & ses dépendances, la Ville & Comté de Neuchâtel,

les

les Villes de Saint Gal, de Mulhaufen, & de Bienne, les trois Ligues Grifes, les sept Jurifdictions ou *Dizaines* du Vallais, & l'Abbé de S. Gal.

LVII.

De la part de Sa Majesté très-Chrétienne font femblablement compris les treize Cantons Suiffes & leurs Alliez, & nommément la République du Vallais.

LVIII.

Seront auffi compris dans le préfent Traité, tous ceux qui feront nommez d'un commun confentement d'une & d'autre part, avant l'échange des Ratifications, ou dans l'efpace de fix mois après.

LIX.

Promettent les Ambaffadeurs de Sa Majefté Impériale & du Roi tres-Chrétien, enfemble les Plenipotentiaires des Etats députez de l'Empire de faire ratifier la préfente paix ainfi concluë par l'Empereur, l'Empire, & le Roi très-Chrétien en la forme dont on eft ici reciproquement convenu, & de faire l'échange des lettres de Ratification en ce même lieu, dans l'efpace de fix femaines à compter du préfent jour, ou plûtôt, fi faire fe peut.

LX.

En foi & confirmation de quoi les Ambaffadeurs Extraordinaires & Plénipotentiaigiaires tant Impériaux, que du Roi très-Chrétien, ensemble les Plénipotentiaires des Electeurs, & des Députez des Etats de l'Empire à cet effet ont soussigné le présent Traité de leurs propres mains, & y ont apposé leurs seaux. Fait au Palais de Ryswic en Hollande, le trentième Octobre de l'année mille six cens quatre vints dix sept.

(L.S.) D. A. C. de Kaunitz.   (L.S.) de Harlay Bonneüil.
(L.S.) Henr. C. de Stratman.   (L.S.) Verjus de Crecy.
(L.S.) J. F. L. Bar. Seilern.   (L.S.) de Callières.

Au nom de l'Electeur de Mayence.   Au nom de l'Electeur de Baviere.

(L.S.) M. Frideric, Baron de Schonborn, Envoyé.   De Prielmeyer, Envoyé Extraordinaire & Plénipotentiaire. (L.S.)

(L.S.) Ignace Antoine Otten, Plénipotentiaire.

(L.S.) George Guillaume Moll, Plénipotentiaire.

Au nom de la Maison d'Autriche.

(L.S.) François Rodolphe de Halden L. Baron de Trazberg, &c.

Au nom du Grand Maître de l'Ordre Teutonique.

(L.S.) Charles B. de Loë Chevalier de l'Ordre Teutonique.

Au nom du Prince & Evêque de Wurtsbourg.

(L.S.) Jean Conrard Philippe Ignace de Tastungaen.

Au

Au nom de l'Electeur de Trèves, comme Evêque de Spire.

(L. S.) *Jean Henri de Kaysersfeld*, Plenipotentiaire.

Au nom du Prince & Evêque de Constance.

(L. S.) *Frederic de Dürheim.*

Au nom de l'Evêque Prince d'Hildesheim.

(L. S.) *Charles Paul Zimmerman*, *Chancelier de son Altesse, Conseiller du Conseil secret, & Plénipotentiaire.*

Au nom de l'Electeur de Cologne en qualité d'Evêque & Prince de Liége.

(L. S.) *Jean Conrad Norff Député Plénipotentiaire.*

Au nom de l'Evêque & Prince de Munster.

(L. S.) *Ferdinand L. B. Plettenberg de Lenhausen, respectivement Doyen & Capit. de l'Eglise Cathédrale de Paderb. de Munst. & de Hildes.*

Au nom de l'Electeur Palatin, comme Duc de Neubourg.

(L. S.) *Jean Henri Hetterman*, Plénipotentiaire.

Au nom du Duc de Wirtemberg.

(L. S.) *Jean George Noble de Kulpis Chevalier du S. Empire Romain, Conseiller d'Etat intime, & Directeur du Conseil.*

C *Antoi-*

(L. S.) *Antoine Gunter de Hespen Conseiller dans le Conseil suprême & Plénipotentiaire du Sérenissime Duc.*

Au nom du Prince de Bade Bade.

(L. S.) *Charles Ferdinand L. B. de Plettersdorff. Réservé l'Ordre alternatif.*

Au nom du Colége Abbatial de Suabe.

(L. S.) *Joseph Antoine Eusébe de Halden de Neidtberg L. B. de Ausenriedt, Plénipotentiaire.*

Au nom des Comtes du Banc de Vétéravie.

(L. S.) *Charles Otton Comte de Solms.*

(L. S.) *F. C. de Eclelsheim Conseiller de Hanaw & Plénipotentiaire.*

Au nom de la Ville libre & Impériale de Cologne.

(L. S.) *Herman Joseph Büllingen Bourguemaître & Plénipotentiaire.*

Au nom de la Ville d'Ausbourg.

(L S.) *Jean Christophle de Dirheim Plénipotentiaire.*

Au nom de la Ville Impériale de Francfort.

(L S.) *Jean Jaques Müller Plénipotentiaire.*

(L S.) *Jean Melchior Lucius Lecteur en Droit Civil & Canon, Bourguemaître & Plénipotentiaire.*

Suivent

Suivent les Pleinpouvoirs.

PLEINPOUVOIR
DE
L'EMPEREUR.

Traduit du Latin.

Nous LEOPOLD, par la grace de Dieu élu Empereur des Romains, toujours Auguste, & Roi de Germanie, de Hongrie, de Bohême, de Dalmatie, de Croatie, d'Esclavonie, &c. Archiduc d'Autriche, Duc de Bourgogne, de Brabant, de Stirie, de Carinthie, de Carniole, &c. Marquis de Moravie, Duc de Luxembourg, & de la Haute & Basse Silésie, de Wirtemberg & de Teck, Prince de Suabe, Comte de Habsbourg, de Tyrol, de Ferrette, de Kybourg, & de Goricie, Marquis du S. Empire Romain, de Burgaw, de la Haute & Basse Lusace, Seigneur de la Marche Esclavone, de Port Naon & de Salins, &c. notifions & certifions, que ne désirant rien plus ardemment, sinon que la présente guerre dont la République Chrétienne est affligée depuis quelques années puisse au plûtôt être convertie en une paix honnête & équitable, & qu'il a semblé bon à toutes les Parties engagées dans la présente guerre d'entrer en traité de conférence de paix, dans le lieu qui sera choisi par eux d'un commun consentement : c'est pourquoi voulant de bon cœur contribuer tout ce qui est en notre pouvoir, pour procurer le repos à la République Chrétienne ; & nous confians en la fidélité, prudence, & expérience de nos chers & fidéles & du S. Empire Romain l'illustre & magnifique Dominique André Comte de Caunitz, Seigneur héréditaire d'Austerlitz, d'Hungarischbrod, de Mahrispruss, & du Grand Orzechau, nôtre Conseiller d'Etat, Chambellan, & Vicechancelier de l'Empire, Chevalier de la Toison d'Or ; de l'illustre & Magnifique Henri Jean Comte de Stratman, Seigneur de Peürbach, d'Orth, de Smiding, de Spatenbrun, & de Carlsberg, nôtre Conseiller Impérial Aulique & Chambellan ; & de Magnifique Jean Frederic Libre Baron de Seilern, &c. nôtre Conseiller Impérial Aulique, & Con-Comissaire Plénipotentiaire dans les Diétes Impériales ; les avons nommez, élus & établis, comme par les présentes, nous les nommons, élisons, & établissons, nos Ambassabaſſadeurs Extraordinaires & Plénipotentiaires, auſdites Aſſemblées & Conférences de paix, qui ſe doivent tenir. Auſquels pour cèt effet nous donnons charge & ordonnons ſpécialement de ſe tranſporter le plûtôt que faire ſe pourra au lieu dont il ſera convenu entre les Parties, & y étant, entrer en conférence de paix, ou directement, ou par l'entremiſe d'un Médiateur reconnu de part & d'autre avec les Ambaſſadeurs ou Députez de très-haut, très-puiſſant, & très-Chrétien Prince Loüis Roi de France nôtre très-cher Couſin & Frére, leſdits Ambaſſadeurs munis de Pouvoir ſuffiſant pour terminer la préſente guerre, & régler les différens qui la concernent, par une bonne & ſolide Paix. Donnons auſſi plein & abſolu pouvoir avec toute autorité & ordre à ce néceſſaire à nos ſuſdits Ambaſſadeurs Extraordinaires & Plénipotentiaires, tous trois enſemble, ou deux en cas d'abſence du troiſiême, ou pour être occupé ailleurs, ou un ſeul ſéparément, en l'abſence pareillement des deux autres ou étant occupez ailleurs, de faire, conclure, & ſigner pour nous & en nôtre nom un Traité de Paix entre nous & le ſuſdit ſéréniſſime & très-puiſſant Prince le Roi très-Chrétien, d'en faire, expédier, & délivrer tous Actes néceſſaires à cette fin, & de faire entiérement, promettre, stipuler, conclurre & signer les Actes & Déclarations, d'échanger les articles dont on sera convenu, & de faire toutes les autres choses apartenant à ladite affaire de la Paix, aussi librement & amplement, que nous le ferions ou pourrions faire étant présens; quoi qu'il semblât être nécessaire d'un ordre encore plus spécial & plus exprès, que celui qui est contenu dans ces présentes. Promettant, au reste, & déclarant de bonne foi, & sur notre parole Impériale d'accepter & agréer, & de confirmer & ratifier tout ce qui aura été fait, conclu, signé, délivré, & échangé, pour nosdits Ambassadeurs Extraordinaires & Plénipotentiaires, soit tous trois conjontement, soit deux d'entr'eux, dans l'absence du troisiéme, ou pour être occupé ailleurs, ou même par un seul en l'absence pareillement des deux autres ou étant occupez ailleurs; nous engageant par ces présentes à faire expédier en bonne & autentique forme & dans le tems requis, dont on sera convenu, nos lettres de ratification. En foi & pour confirmation de quoi nous avons fait confirmer ces présentes signées de nôtre main, de nôtre Seau Impérial. Donné dans nôtre Ville de Vienne, le troisiéme du mois de Février, de l'anl'année mille six cens quatre-vints dix-sept, & de nôtre Régne, de celui de Roi des Romains le trente-neuviême, de celui de Hongrie le quarante deuxiême, & de celui de Bohême le quarante-uniême.

LEOPOLD.
(L. S.)

Vt.
SEBASTIEN WUNIBALD.
Comte de Zeyll.

Par ordre exprès de Sa Majesté Impériale.

GASPARD FLOREND CONSBRUCH.

PLEINPOUVOIR
GENERAL
Pour la Députation de l'Empire,

Traduit de l'Allemand.

LEs Electeurs, Princes, & Etats du S. Empire ayant trouvé bon de choisir quelques-uns d'entreux, pour veiller à leurs intérêts, & assister de leur part aux Trai-

Traitez de Paix, qui se doivent faire entre Sa Majesté Impériale, l'Empire & ses hauts Alliez d'une part, & entre la Couronne de France de l'autre, & selon le fondement de la Paix faite ci-devant en Westphalie & confirmée ensuite à Nimégue; ont député & nommé du Collége Electoral les Electeurs de Mayence, de Baviére, de Saxe, & de Brandebourg : du Collége des Princes & d'entre les Catholiques, ceux d'Autriche, de Saltsbourg, le Grand Maître de l'Ordre Teutonique, de Wirtzbourg, de Spire, Constance, Hildesheim, Liége, Munster (sauf l'ordre de leur alternative) Palatin Neubourg, Bade Bade, & les Prélats en Suabe, & d'entre les Protestans ceux de Magdebourg, de Suéde de la part de Brême ou des Deux Ponts, de Saxe-Cobourg, de Saxe-Gotha, de Brandebourg-Culenbach, de Brunswick-Zell, de Brunswick-Wolfenbuttel, de Hesse-Cassel, de Wirtemberg (sauf leur alternative) de Holstein-Gluckstat, d'Anhalt, & les Comtes en Weteravie : & finalement du Collége des Villes Impériales entre les Catholiques celles de Cologne & d'Ausbourg, & entre les Protestantes celles de Francfort & de Nuremberg, ausquels

quels on donne de la part dudit Empire & en vertu de ce présent Acte une pleine autorité, afin qu'ils puissent promtement envoyer leurs Ministres au lieu des Traitez, pour y assister conjointement avec les Principaux Plénipotentiaires de sa Majesté Impériale, & en conformité de leur instruction concourir à traiter, régler selon le stile observé dans l'Empire, & conclure tout ce qui pourra être nécessaire pour obtenir une Paix générale, sûre, honnête & perpétuelle avec le rétablissement de la tranquilité publique, comme aussi avec restitution, & toute la satisfaction, qui sera trouvée dûë à des Etats & Membres de l'Empire endommagez ou entièrement opprimez. Ainsi on acceptera, ratifiera dans le tems contenu, & observera de la part de tout l'Empire aussi bien que des Etats Deputez tout ce, que les Ministres de ceux-ci ou quelque uns d'entr'eux en cas d'absence, de maladie, ou d'empêchement des autres (où pour observer la parité les présents opineront encore pour les absents membres de leur Réligion) auront conjointement avec l'Ambassade Impériale traité, ajusté, & conclu avec la Couronne de France, & les Etats Députez, y seront, comme de raison & de coûtume toûjours

jours maintenus & puissamment soûtenus. Signé à Ratisbonne le 15. de Juin 1697.

(L. S.)
La Chancelerie Electorale de Mayence.

PLEIN-POUVOIR DE FRANCE.

LOuïs par la grace de Dieu Roi de France & de Navarre à tous ceux qui ces presentes Lettres verront SALUT. comme nous ne souhaittons rien plus ardemment que de voir finir par une bonne Paix la Guerre, dont la Chrétienté est presentement affligée, & que par les soins & la Mediation de nôtre trés-cher & trés-aimé Frere le Roi de Suede, les Villes de Delft & de la Haye ont été agréées de toutes les parties, pour tenir les Conferences necessaires à cet effet. Nous par ce même desir d'arrêter autant qu'il sera en nous, & par l'assistance de la divine providence, la desolation de tant de Provinces & l'effusion de tant de sang Chrétien, Sçavoir faisons, que nous confians entierement en l'experience, la capacité & la fidelité de nôtre bien aimé & feal le Sieur de Harlay de Bonneüil Conseiller

seiller Ordinaire en nôtre Conseil d'Etat, & de nôtre bien aimé le Sieur Verjus, Comte de Crécy, Baron de Courcy, Seigneur du Boulay, les deux Eglises, du Menillet & autres lieux, comme aussi en celle de nôtre bien aimé le Sieur de Callieres, de la Rochechellay & de Gigny, qui est actuellement en la Ville de Delft, par les épreuves avantageuses, que nous en avons faites dans les divers emplois importants que nous leur avons confiez, tant au dedans qu'au dehors du Royaume. Pour ces causes & autres bonnes considerations à ce nous mouvans, nous avons commis, ordonné & deputé lesdits Sieurs de Harlay, de Crecy & de Callieres, commettons, ordonnons & deputons par ces presentes signées de nôtre main, & leur avons donné & donnons Plein-pouvoir, Commission & Mandement special, d'aller dans ladite Ville de Delft, en qualité de nos Ambassadeurs Extraordinaires, & nos Plenipotentiaires pour la Paix, & conferer soit directement, soit par l'entremise des Ambassadeurs Mediateurs respectivement reçûs & agreez avec tous les Ambassadeurs Plenipotentiaires & Ministres, tant de nôtre trés-cher & trésaimé Frere l'Empereur des Romains, que de nôtre tres-cher & tres-aimé Frere &

Cou-

Cousin le Roi Catholique, comme aussi de nos tres-chers & grands amis les Etats Generaux des Provinces-Unies des Païsbas, & de tous les autres Princes leurs Alliez, tous munis de pouvoirs suffisans, & y traiter des moyens de terminer & pacifier les differents, qui causent aujourd'hui la Guerre, & pourront nos susdits Ambassadeurs & Plenipotentiaires tous trois ensemble, ou deux en cas de l'absence de l'autre par maladie, ou autre empêchement ou un seul en l'absence des deux autres, en pareil cas de maladie ou autre empêchement, en convenir, & sur iceux conclure & signer une bonne & seure Paix, & generalement faire, & negocier, promettre & accorder tout ce qu'ils estimeront necessaire pour le susdit effet de la Paix, avec la même autorité que nous ferions & pourrions faire, si nous y étions presens en personne, encore qu'il y eût quelque chose, qui requît un mandement plus special, non contenu en cesdites presentes: promettant en foi & parole de Roi, de tenir ferme & d'accomplir tout ce que par lesdits Sieurs de Harlay, de Crecy & de Caillieres, ou par deux d'entre eux en cas de l'absence de l'autre, par maladie ou autre empêchement, ou par un seul en l'absence des

deux

deux autres, en pareil cas de maladie ou autre empêchement aura été stipulé, promis & accordé, & d'en faire expedier nos Lettres de Ratification dans le tems qu'ils auront promis en nôtre nom de les fournir. Car tel est nôtre plaisir, en temoin dequoi nous avons fait mettre nôtre scel à ces présentes. Donné à Versailles le vint cinquiéme jour de Février l'an de grace mil six cens quatre vint dix sept & de nôtre regne le cinquante quatriéme. Signé Louis, & sur le repli par le Roi Colbert & scellé du grand Sceau de cire jaune.

ARTICLE SÉPARÉ.

Pour plus grande explication de l'Article huitiéme du Traité de Paix aujourdhui signé, lequel Article commence, *Tous les Etats occupez par le Roi très-Chrétien seront rendus à l'Electeur Palatin*, il a été trouvé à propos de resoudre ici de plus, qu'on observera cet ordre dans la proposition des prétensions & droits de Madame la Duchesse d'Orleans contre le S. Electeur Palatin. Quand les Arbitres seront convenus dans le tems fixé pour la Ratifitification de la Paix, d'un lieu pour s'assembler, ce lieu sera signifié aux deux Parties. Les Députez de la part des Arbitres y seront envoyez dans l'espace de deux mois, à compter dès que le S. Electeur Palatin aura entiérement été rétabli; conformément à l'Article ci-dessus allegué. Dans le mois suivant ladite Dame Duchesse produira au même lieu l'entiére explication de ses prétensions ou demandes contre le S. Electeur, laquelle lui sera communiquée dans la huitaine suivante. Seront expliquées dans l'espace de quatre mois ensuivans, & délivrées aux Députez des Seigneurs Arbitres, qui marqueront le jour que les quatre mois commenceront à courir, les raisons & fondemens des deux Parties, dont seront délivrées quatre copies; savoir une pour châcun des Arbitres, une troisiéme pour être jointe aux Actes communs de l'Arbitrage, & une quatriéme pour être réciproquement communiqué dans la huitaine à châque partie. On répondra semblablement, & seront données dans le même jour quatre copies de la réponse de châque Partie, aux Envoyez des Seigneurs Arbitres, laquelle sera derechef communiquée dans la huitaine aux Parties réciproquement. Dans les quatre mois suivans l'instruction de l'affaire de

part

part & d'autre sera terminée, les Parties déclareront vouloir se soumettre à la sentence des Arbitres, & cette conclusion de l'instruction & soumission sera communiquée aux Parties, afin qu'elles en ayent connoissance, & les Actes seront contrerollez en présence des Procureurs desdites Parties. Ensuite les Arbitres, & leurs Députez, qui auront prêté serment, ayant vû & examiné le droit des Parties pendant l'espace de six mois ensuivans, prononceront publiquement leur sentence dans le lieu de la Conférence, conformément aux loix & constitutions de l'Empire. Que si elle se trouve conforme elle sera entiérement exécutée. Que si les Arbitres ou leurs Députez différent dans leur sentiment, les Actes communs de l'Arbitrage seront transportez à Rome aux frais communs des Parties, dans l'espace de deux mois à commencer du jour de la sentence renduë, & livrez au Pape comme Surarbitre, pour donner l'affaire à examiner dans l'espace d'autres deux mois à des Députez, non suspects aux Parties, & lesquels prêteront le serment, & ceux-ci, sur les procedures déja faites, & sans qu'il soit loisible aux Parties de faire aucune nouvelle déduction de leurs droits, prononceront dans l'espace de six mois en-
sui-

suivans, & comme il a été dit, conformément aux Loix & Constitutions de l'Empire une dernière sentence définitive, qui ne pourra point être annullée, mais que les Seigneurs Arbitres feront exécuter sans aucun retardement ni contradiction. Que si l'une des Parties tarde de proposer, d'expliquer, & de prouver ses prétensions & droits dans le tems requis, il sera néanmoins loisible à l'autre Partie d'expliquer & de déduire ses droits, dans le terme marqué, qui ne pourra jamais être allongé; & aux Arbitres & Surarbitre de proceder de la manière, qui vient d'être expliquée, & de prononcer & exécuter leur sentence, selon les Actes produits & prouvez.

Nonobstant cette Procedure, les Parties elles-mêmes, & les Seigneurs Arbitres de leur côté ne laisseront de tenter une voye amiable d'accommodement, & n'oublieront rien de ce qui pourra contribuer à terminer cette affaire amiablement. Comme on est aussi convenu dans l'Article du Traité de Paix ci-dessus allegué, que jusqu'à ce que ce différent soit terminé, le S. Electeur Palatin payera annuellement à Madame la Duchesse d'Orleans la somme de deux cens mille livres tournois, ou de cent mille florins du Rhin, on est convenu en par-

particulier à l'égard dudit payement, pour le tems auquel il doit commencer; qu'il commencera seulement, après que, selon le contenu dudit Article, les Etats & lieux, qui y sont spécifiez, auront été entièrement rendus audit Electeur. Et afin que Madame la Duchesse d'Orleans puisse être d'autant plus assurée du payement de ladite somme; M. l'Electeur nommera avant la Ratification de la Paix, un nombre suffisant de Rentiers ou Receveurs de la Préfecture de Germersheim & d'autres lieux du Palatinat, qui se chargeront de payer ladite somme à ladite Dame Duchesse, ou à ceux qui auront charge de sa part, toutes les années à Landaw, savoir la moitié tous les six mois; lesquels s'ils ne satisfont pas, pourront être contrains au payement, par la voye de la justice ordinaire, ou si la nécessité le requiert par exécution militaire de la part du Roi très-Chrétien. Du reste, ce payement se fera à cette condition; que ce qui aura été payé, en vertu de cette obligation annuelle, à Madame la Duchesse d'Orleans, durant la discussion du Procès devant les Arbitres, sera en compensation & à compte de ce que lesdits Arbitres pourront lui ajuger, en cas qu'ils lui adjugent quelque chose, que s'ils ne lui adjugeoient rien,

rien, ou moins que ladite somme, elle sera restituée; & cette compensation ou restitution, de même que le fond du Procès sera réglée par la sentence des Arbitres. Que si Madame la Duchesse d'Orleans ne satisfait pas à la forme du Compromis, soit dans l'explication de ses prétensions, soit dans l'instruction du Procès, soit dans la réponse à ce qui sera produit par l'Electeur Palatin, ou qu'elle tarde, le cours dudit payement annuel sera interrompu seulement pendant ce tems-là, le Procès allant toujours son train, selon la forme du Compromis. Fait au Palais de Ryswic le 30. Octobre, 1697.

(LS.) D. A. C. de Kaunitz. (L S.) de Harlay Bonneüil.

(LS.) Henr. C. de Stratman. (L S.) Verjus de Crecy.

(LS.) J. F. L. B. de Seilern. (L S.) de Callieres.

Au nom de l'Electeur de Mayence.

Au nom de l'Electeur de Baviere.

(L S.) M. Frideric Baron de Schönborn, Envoyé.

de Prielmeyer, Envoyé Extraordinaire & Plénipotentiaire.
(LS.)

(L S.) Ignace Antoine Otten. Plénipotentiaire.

(L S.) George Guillaume Moll, Plénipotentiaire.

Att

Au nom de la Maison d'Autriche.

(L S.) *François Rodolphe de Halden L. Baron de Trazberg.*

Au nom du Grand Maître de l'Ordre Teutonique.

(L S.) *Charles B. de Loë, Chevalier de l'Ordre Teutonique.*

Au nom du Prince Evêque de Würtsbourg.

(L S.) *Jean Conrard Philippe Ignace de Taftungen.*

Au nom de l'Electeur de Trèves, comme Evêque de Spire.

(L S.) *Jean Henri de Keyfersfeld Plénipotentiaire.*

Au nom du Prince & Evêque de Constance.

(L S.) *Frederic de Dürheim.*

Au nom de l'Evêque Prince d'Hildesheim.

(L S.) *Charles Paul Zimmerman, Chancelier de son Alteffe, Conseiller du Conseil secret, & Plénipotentiaire.*

Au nom de l'Electeur de Cologne en qualité d'Evêque & Prince de Liége.

(L S.) *Jean Conrard Norff Député Plénipotentiaire.*

Au

Au nom de l'Evêque & Prince de Munster.

(L S.) *Ferdinand L. B. de Plettenberg de Lenhausen, respectivement Doyen & Capit. de l'Eglise Cathedrale de Paderb. de Munster & de Hildes.*

Au nom de l'Electeur Palatin, comme Duc de Neubourg.

(L S.) *Jean Henri Hetterman, Plénipotentiaire.*

Au nom du Prince de Bade Bade.

(L S.) *Charles Ferdinand L. B. de Plittersdorff. Réservé l'Ordre alternatif.*

Au nom du Colége Abbatial de Suabe.

(LS.) *Joseph Antoine Eusebius de Halden de Neidberg L. Baron de Autenriedt. Plénipotentiaire.*

Au nom de la Ville libre & Impériale de Cologne.

(LS.) *Herman Joseph Büllingen, Bourguemaître & Plénipotentiaire.*

Au nom de la Ville Impériale d'Ausbourg.

(LS.) *Jean Christophle à Dierheim, Plénipotentiaire.*

F I N.

www.ingramcontent.com/pod-product-compliance
Lightning Source LLC
LaVergne TN
LVHW021002090426
835512LV00009B/2022